CONTENTS

목차

갓스토리 구성

• 학생용 공과

낮은 수준부터 6컷의 만화와 높은 수준까지의 질문과 활동이 담겨져 있는 공과책.

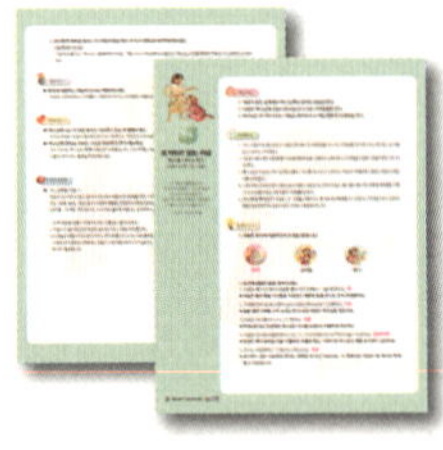

• 교사용 가이드

학생용 공과의 질문에 대한 답변과 시대적 배경 설명, 활동자료 사용법에 대해 설명.(한장연몰 다운로드)

• 색칠하기

각 과의 인물을 출력하며 색칠 할 수 있도록 만든 컨텐츠.(한장연몰 다운로드)

• 스토리북

13가지의 이야기를 담아낸 그림책으로 기초적인 질문을 통해 학습.

• 플래시애니메이션

13과의 만화를 실감나는 영상으로 감상.
(한장연몰 다운로드)

• 설교 PPT

도입, 스토리, 퀴즈, 적용으로 구성되어 체계적으로 설교를 이끌어 냄.
(한장연몰 다운로드)

갓스토리 사용하기

영 • 유아 (3세~5세)

① 색칠하기

유치 • 유년 (5세~7세)

① 플래시애니메이션

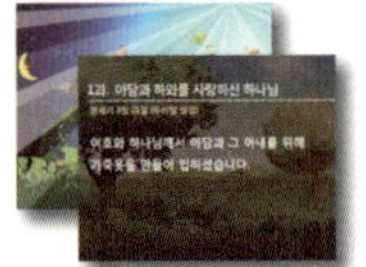

② 설교PPT

③ 스토리북

초등 (7세~13세)

① 플래시애니메이션

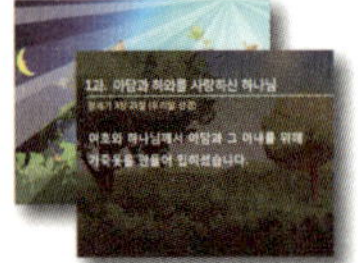

② 설교PPT

③ 학생용 공과

* 가능한 수준까지 문제풀기

갓스토리 활용가이드

• 본문말씀 / 6컷 만화

성경 이야기를 올바르게 이해하기 위해 성경을 찾아 천천히 읽습니다. 공과의 내용을 뚜렷하게 알려주는 중심구절도 반복해서 읽고 묵상하도록 합니다. 본문 말씀의 핵심이 되는 6컷 만화는 역할을 맡아 읽거나 플래시 애니메이션을 보면 더욱 재미있게 읽을 수 있습니다. 만화 속에서는 말씀 다지기의 답(빨간 글씨)도 찾을 수 있도록 표시되어 있습니다.

• 말씀배우기

읽고 쓰기가 어려운 학생들을 위한 질문입니다. 스티커 붙이기, 알맞은 것에 O표, 틀린 것에 X표 하기, 맞는것 찾아 연결하기, 따라쓰기의 질문으로 구성되어 있어 성경말씀에 쉽게 접근할 수 있습니다. 질문은 수준별로 나뉘어 있어 학생 수준에 따라 학생이 풀 수 있는 질문까지 풀도록 합니다.

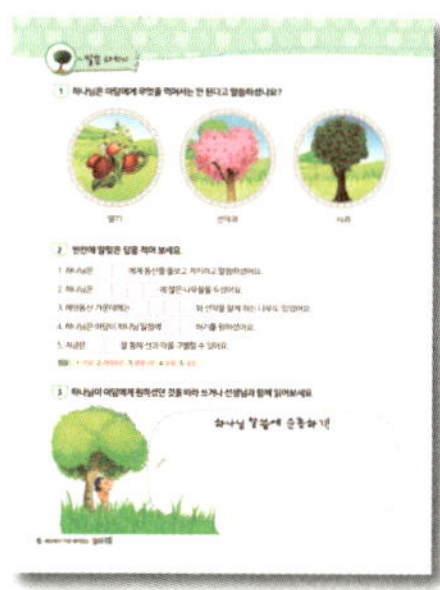

• 말씀다지기

읽고 쓰기가 가능한 학생들을 위한 질문입니다. 질문을 읽고 알맞은 답에 O표 하기, 빈칸에 답적기, 장문쓰기로 구성되어 있어 심화된 수준으로 성경말씀에 접근할 수 있습니다. 질문은 수준별로 나뉘어 있어 학생 수준에 따라 풀 수 있는 질문까지 풀도록 하되, 학생의 특성과 능력에 따라 정답을 보고 따라 적거나 말하는 방법으로 풀이방법을 대체하여 학생이 더욱 적극적으로 참여하도록 합니다.

• 활동하기 / 특별활동

미로찾기, 색칠하기, 오리고 붙이고 만들기 등 다양한 활동들로 핵심 내용을 학습하도록 구성하였으며, 학생들의 수준에 따라 활동의 난이도를 교사가 조절하여 학습능력을 최대로 이끌어 줄 수 있도록 구성하였습니다. 또한 4과, 9과, 13과에는 특별활동으로 해당 과의 중심된 내용으로 구성하여 학생들이 핵심 단어나 내용을 마음으로 이해할 수 있도록 오감을 자극하는 만들기로 구성하였습니다.

• 말씀따르기 / 기도하기

학습한 내용을 일상생활에 적용하도록 학생과 약속하는 시간입니다. 말씀 따르기가 예배시간 외의 시간과 장소에서도 이루어질 수 있도록 함께 다짐하고 점검하도록 합니다. 그리고 생활에 적용을 위해 그 날에 배운 공과를 기억하고 하나님 말씀대로 살 수 있도록 기도문을 함께 읽고 기도하며 공과를 마칩니다. 마무리와 함께 학생을 향한 교사의 격려와 응원을 덧붙인다면 최고의 공과가 될 것입니다.

1과 에덴동산의 두 나무

소 주 제 : 훈련과 순종

본문말씀 : 창세기 2장 17절(전체 : 창세기 2장 9절, 15~17절)

중심구절 : 그러나 선과 악을 알게 하는 나무의 열매는 먹지 마라. 그것을 먹는 날에는 네가 반드시 죽을 것이다.

단어 풀이 **분별** 서로 다른 사물을 종류에 따라 나누는 것, 구분하는 것

1 하나님 말씀을 듣는 아담과 선악과 나무를 스티커로 붙여보세요.

2 알맞은 것에 O표, 알맞지 않은 것에 X표를 해보세요.

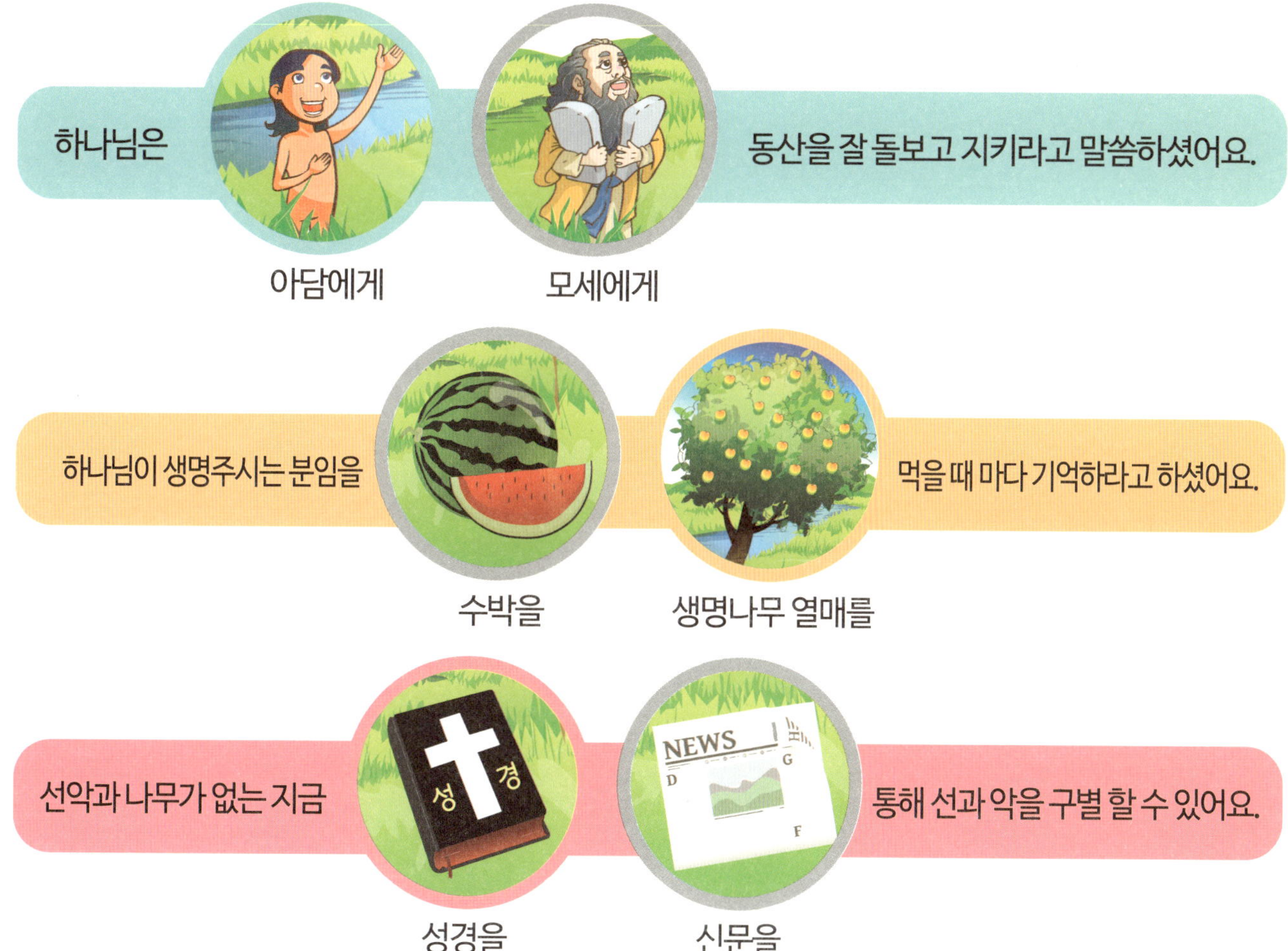

1 하나님은 아담에게 무엇을 먹어서는 안 된다고 말씀하셨나요?

딸기

선악과

사과

2 빈칸에 알맞은 답을 적어 보세요.

1. 하나님은 [ ][ ]에게 동산을 돌보고 지키라고 말씀하셨어요.
2. 하나님은 [ ][ ][ ][ ]에 많은 나무들을 두셨어요.
3. 에덴동산 가운데에는 [ ][ ][ ][ ]와 선악을 알게 하는 나무도 있었어요.
4. 하나님은 아담이 하나님 말씀에 [ ][ ]하기를 원하셨어요.
5. 지금은 [ ][ ]을 통해 선과 악을 구별할 수 있어요.

정답 1. 아담 2. 에덴동산 3. 생명나무 4. 순종 5. 성경

3 하나님이 아담에게 원하셨던 것을 따라 쓰거나 선생님과 함께 읽어보세요.

1 하늘에서 들려오는 하나님의 음성을 듣는 아담의 모습을 색칠해 보세요.

1. 나는 하나님의 어떤 말씀을 잘 듣고 따라했는지 이야기해보세요.
2. 하나님 말씀에 순종했을 때 기분이 어떠했는지 이야기해보세요.

생명을 주시는 하나님, 예수님 말씀에 순종하며 살아갈 수 있도록 도와주세요. 예수님의 이름으로 기도합니다. 아멘.

2과 부름 받은 아브라함

소 주 제 : 훈련과 믿음
본문말씀 : 창세기 12장 2절(전체 : 창세기 12장 1~5절)
중심구절 : 네가 너를 큰 민족으로 만들고 네게 복을 주어 네 이름을 크게 할 것이니 네가 복의 근원이 될 것이다.

단어 풀이 민족 일정한 지역에서 오랜 세월동안 공동생활을 하면서 언어, 역사, 문화, 인종, 종교등을 함께하며 공유하는 사람들

1 하나님의 약속의 말씀을 믿고 기뻐하는 아브람의 모습을 스티커로 붙여보세요.

2 알맞은 것에 O표, 알맞지 않은 것에 X표를 해보세요.

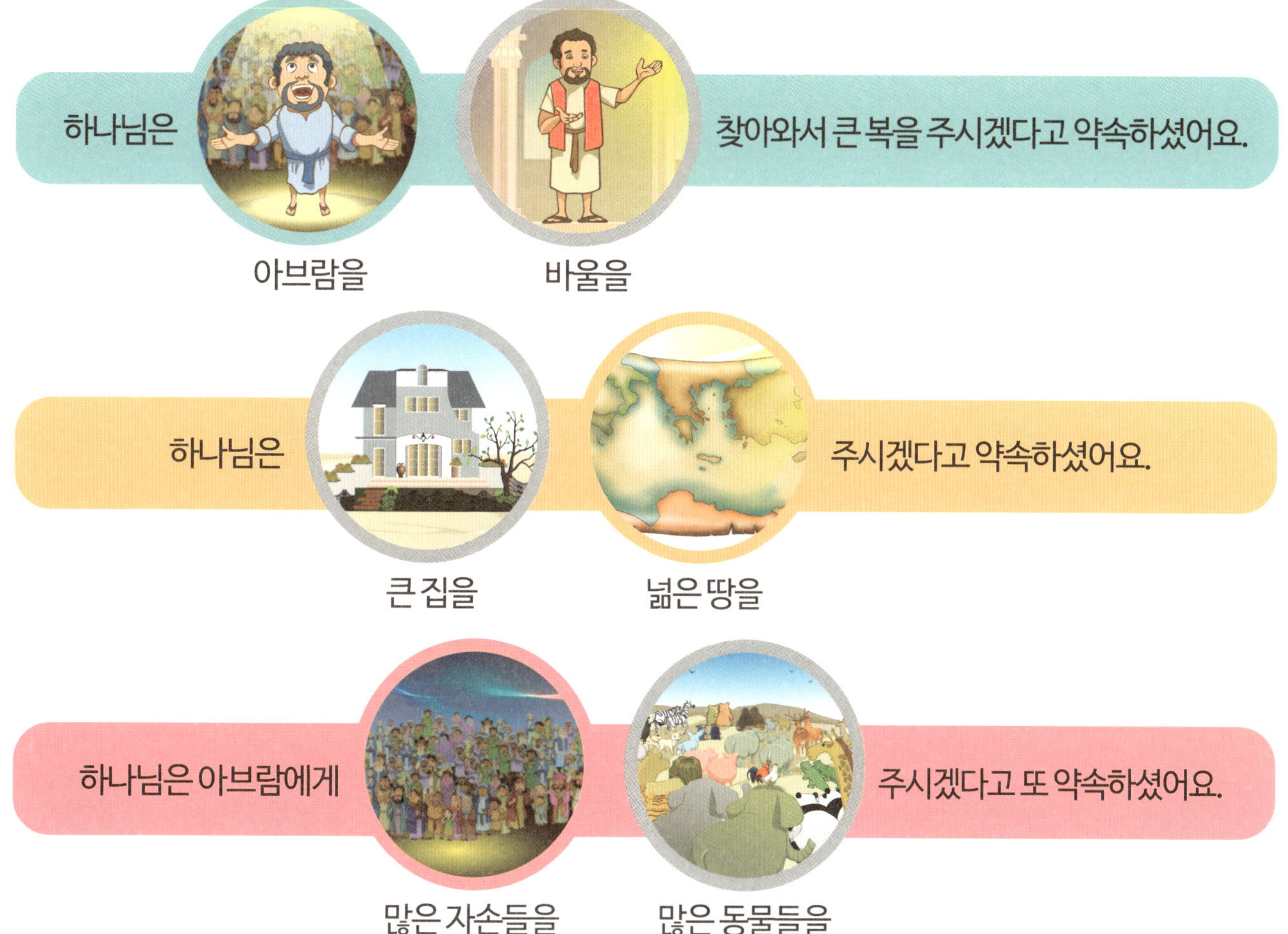

1 하나님은 아브람에게 무엇을 주시겠다고 약속하셨나요?

2 빈칸에 알맞은 답을 적어 보세요.

1. 하나님은 하나님을 사랑하는 사람들을 모아 ☐☐을 만들기로 했어요.
2. 하나님은 ☐☐☐을 찾아오셔서 큰 복을 주시겠다고 약속하셨어요.
3. 먼저 아브람은 ☐☐ ☐을 약속받았어요.
4. 그리고 아브람은 많은 ☐☐들도 약속받았어요.
5. 아브람은 하나님의 약속에 ☐☐을 가졌어요.

정답 1. 민족 2. 아브람 3. 넓은 땅 4. 자손 5. 믿음

3 아브람이 하나님께 말했던 것을 쓰거나 선생님을 따라서 말해보세요.

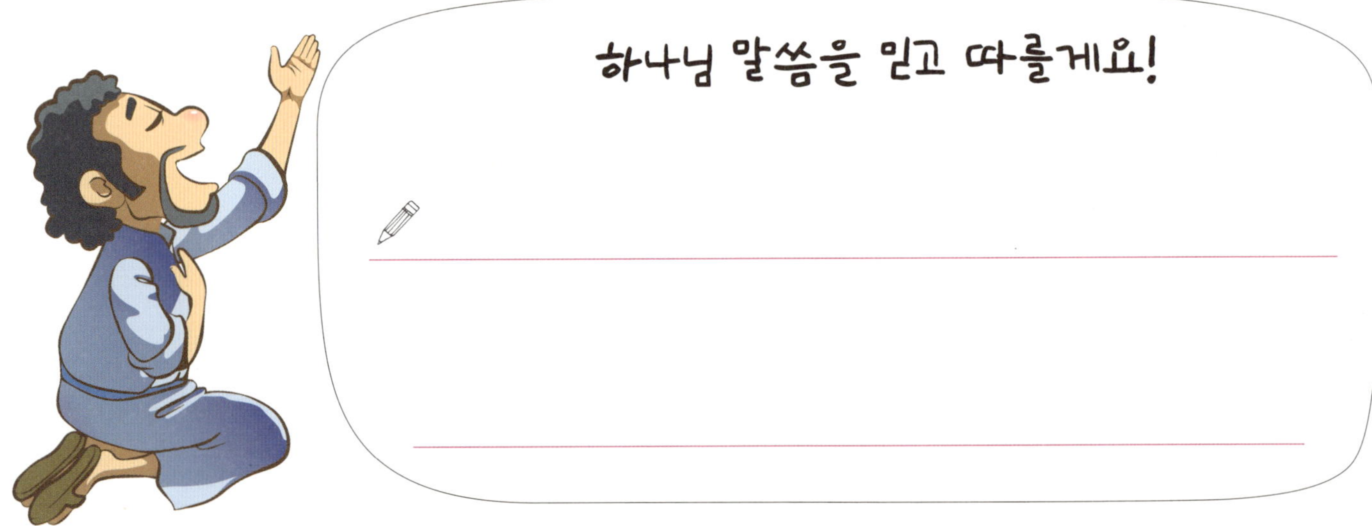

1 하나님의 말씀에 따르겠다고 대답하는 아브람을 점을 이어 완성하고 색칠해 주세요.

하나님 말씀을
믿고 따르겠습니다!

1. 나는 하나님으로부터 어떤 약속을 받았는지 이야기해 보세요.
2. 믿음을 가지려면 어떻게 해야 할까요?

약속하시는 하나님, 믿음을 가질 수 있도록 도와주세요. 예수님의 이름으로 기도합니다. 아멘.

3과 모리아 산으로 간 아브라함

소 주 제 : 훈련과 경외
본문말씀 : 창세기 22장 18절(전체 : 창세기 22장 1~19절)
중심구절 : 네가 내 말에 순종했으므로 네 자손을 통해 이 땅의 모든 민족들이 복을 받을 것이다.

단어 풀이 제물 제사에 쓰는 음식이나 물건

1 하나님의 말씀을 듣고 모리아 산으로 가는 이삭과 아브라함을 스티커로 붙여주세요.

2 이삭을 하나님께 바치라는 말씀을 들은 아브라함이 어떻게 했는지 선을 연결해보세요.

아브라함

하나님의 말씀에 순종하여 이삭을 바치려 했어요.

하나님 말씀에 놀라며 화를 냈어요.

1 하나님은 아브라함이 100세가 되었을 때에 무엇을 주셨나요?

쌍둥이　　딸　　아들

2 빈칸에 알맞은 답을 적어 보세요.

1. 하나님은 아브라함에게 ☐☐ 을 주시겠다고 약속했어요.
2. 아브라함은 마침내 ☐☐☐ 세에 약속받은 아들을 낳았어요.
3. 아브라함의 아들의 이름은 ☐☐ 이었어요.
4. 하나님은 ☐☐☐☐ 에게 이삭을 바치라고 말씀하셨어요.
5. 하나님은 아브라함의 ☐☐ 을 기뻐하시고 이삭을 살려주셨어요.

정답 1. 아들 2. 100 3. 이삭 4. 아브라함 5. 믿음

3 하나님이 아브라함에게 하셨던 말씀을 쓰거나 선생님을 따라서 말해보세요.

네가 얼마나 내 말을 잘 따르는지 알았다.

1 축복을 약속하시는 하나님의 음성을 듣고 기뻐하는 아브라함과 이삭을 색칠해 보세요.

1. 나는 하나님으로부터 어떤 선물을 받았는지 이야기 해 보세요.
2. 어떻게 해야 하나님을 기쁘시게 할 수 있을까요?

약속을 꼭 지키시는 하나님, 하나님 말씀에 순종하고 하나님을 기쁘게 할 수 있도록 도와주세요! 예수님의 이름으로 기도합니다. 아멘.

4과 노예로 팔려간 요셉

소 주 제 : 훈련과 구원

본문말씀 : 창세기 45장 7절(전체 : 창세기 45장 1~8절)

중심구절 : 그러나 이 땅에서 형님들의 자손들을 보존하시고 큰 구원을 베푸셔서 형님들의 목숨을 살리시려고 하나님께서 미리 저를 보내신 것입니다.

단어 풀이 노예 남에게 자유를 빼앗겨 부림을 받는 사람

1 하나님을 의지하며 힘든 일을 잘 이겨낸 요셉의 얼굴을 스티커로 붙여보세요.

2 빈칸에 알맞은 답을 적어 보세요.

1. 하나님은 요셉에게 [ ] 으로 말씀하셨어요.
2. 요셉을 미워한 형들은 요셉을 [ ][ ][ ] 에게 노예로 팔았어요.
3. 그러나 요셉은 하나님의 [ ][ ] 으로 왕 다음으로 제일 높은 사람이 되었어요.
4. 요셉의 형들은 먹을 [ ][ ] 을 사러 애굽(이집트)으로 갔어요.
5. 요셉은 자기를 미워했던 형들을 [ ][ ] 했어요.

정답 1. 꿈 2. 상인들 3. 도움 4. 곡식 5. 용서

말씀 따르기

1. 하나님은 나에게 어떤 꿈을 꾸게 하셨는지 함께 이야기 해 보세요.
2. 내가 용서해야 할 사람은 누가 있나요?

기도하기

꿈을 주시는 하나님, 하나님의 뜻을 이룰 수 있도록 도와주세요. 예수님의 이름으로 기도합니다. 아멘.

5과 선택받은 이스라엘

소 주 제 : 훈련과 선택
본문말씀 : 출애굽기 19장 5절(전체 : 출애굽기 19장 1~6절)
중심구절 : 그러니 이제 너희가 내게 온전히 순종하고 내 언약을 지키면 너희는 모든 민족들 가운데 특별한 내 보물이 될 것이다.

단어 풀이 **평강** 걱정이나 탈이 없는 상태 / **의심** 믿지 못하는 마음

1 하나님이 내려주신 만나를 먹으며 감사하는 이스라엘 사람들을 스티커로 붙여보세요.

2 하나님이 시내산에서 모세에게 하신 말씀을 따라 써 보세요.

1 하나님이 무엇을 통해 이스라엘 백성들을 지켜주셨는지 맞는 것에 모두 O표 해보세요.

구름기둥 만나 불기둥

2 빈칸에 알맞은 답을 적어 보세요.

1. 이스라엘은 약속의 땅에 가기 위해 험한 ☐☐ 를 지나가야만 했어요.
2. 하나님은 더운 낮에는 ☐☐☐☐ 으로 이스라엘 사람들을 지켜 주셨어요.
3. 그리고 추운 저녁에는 ☐☐☐ 으로 이스라엘 사람들을 인도하셨어요.
4. 이스라엘 사람들이 배고플 때에는 하늘에서 ☐☐ 를 내려주셨어요.
5. 하나님은 이스라엘 사람들을 ☐☐ 한다고 모세에게 말씀하셨어요.

정답 1. 광야 2. 구름기둥 3. 불기둥 4. 만나 5. 사랑

3 하나님이 이스라엘 백성들에게 하신 말씀을 따라 쓰거나 선생님을 따라서 말해보세요.

온 세상 사람들에게 나에 대해서 이야기해 주겠니?

1 하나님께서 이스라엘 사람들을 사랑하셔서 내려주신 것을 찾아 미로를 통과해보세요.

도착

출발

1. 내가 예수님을 믿지 못하도록 방해하는 것은 무엇이 있는지 이야기해 보세요.
2. 나는 예수님을 어떻게 믿게 되었는지 선생님과 함께 이야기를 나누어보세요.

언제나 나를 인도하시는 하나님, 항상 감사드립니다. 예수님의 이름으로 기도합니다. 아멘.

6과 함께 하시는 하나님

소 주 제 : 훈련과 구속
본문말씀 : 이사야 41장 10절(전체말씀 : 이사야 41장 8~14절)
중심구절 : 그러니 두려워하지 마라. 내가 너와 함께 있다. 걱정하지 마라. 나는 네 하나님이다. 내가 너를 강하게 하고 너를 도와주겠다. 내 의로운 오른손으로 너를 붙들어 주겠다.

단어 풀이 **포로** 전쟁에서 사로잡힌 적군

1 하나님의 말씀을 전하는 이사야와 이스라엘 사람들을 스티커로 붙여보세요.

2 하나님이 함께하시고 도와주신다는 이사야의 말씀을 듣고 이스라엘 사람들은 어떻게 했나요?

이스라엘 사람들

말씀을 듣고 울며 회개했어요.

거짓말이라며 믿지 않고 실망했어요

1 **하나님은 이스라엘 사람들이 잘못을 반성했을 때 어떻게 하셨는지 O표 해보세요.**

포로로 붙잡혀 가게 하심

용서하시고 집으로 돌아가게 하심

굶어서 힘들게 하심

2 **빈칸에 알맞은 답을 적어 보세요.**

1. 이스라엘 사람들은 계속해서 □□□ □□을 듣지 않았어요.
2. 하나님 말씀을 듣지 않은 이스라엘 사람들은 바벨론에 □□로 붙잡혀 갔어요.
3. 하나님은 □□□를 통해서 이스라엘 사람들에게 말씀하셨어요.
4. 하나님은 이스라엘 사람들을 □□해 주시고 도와주셨어요.
5. 이스라엘 사람들은 집으로 돌아와서 하나님께 □□를 드렸어요.

정답 1. 하나님 말씀 2. 포로 3. 이사야 4. 용서 5. 예배

3 **이스라엘 사람들이 하나님께 드린 말씀을 따라 쓰거나 선생님을 따라서 말해보세요.**

1 하나님께 회개할 것과 용서해주시는 하나님께 감사드리는 기도문을 적어보세요.

1. 나는 어떤 잘못을 했었는지 선생님과 함께 이야기를 나누어 보세요.
2. 하나님께 용서를 구해야할 일들이 무엇이 있을까요?

사랑과 용서의 하나님, 나의 잘못을 용서해 주세요. 예수님의 이름으로 기도합니다. 아멘.

7과 다시 태어나기

소 주 제 : 훈련과 깨달음
본문말씀 : 요한복음 3장 5절(전체말씀 : 요한복음 3장 1~8절)
중심구절 : 예수께서 대답하셨습니다. "내가 진실로 진실로 네게 말한다. 누구든지 물과 성령으로 태어나지 않으면 하나님 나라에 들어갈 수 없다."

단어 풀이 장례 죽은 사람을 장사 지내는 일

1 예수님이 십자가에 달리신 모습과 예수님의 말씀을 듣는 니고데모의 모습을 스티커로 붙여보세요.

2 예수님이 말씀하신 다시 태어나는 방법은 무엇인지 따라 써 보세요.

새 생명을 얻습니다!

1 누구를 믿어야 새 생명을 얻을 수 있는지 O표 해보세요.

모세　　　　예수님　　　　우상

2 빈칸에 알맞은 답을 적어 보세요.

1. 니고데모는 ☐☐을 가르치는 선생님이었어요.
2. 하나님 나라에 들어가는 방법이 궁금해서 ☐☐☐☐는 예수님을 찾아 왔어요.
3. 하나님이 ☐ ☐☐을 주셔야 하나님 나라에 들어간다고 예수님이 말씀하셨어요.
4. ☐☐☐을 믿으면 하나님께서 새 생명을 주세요 .
5. 니고데모는 예수님을 ☐☐ 새 생명을 얻어 다시 태어날 수 있었어요.

정답 1. 성경 2. 니고데모 3. 새 생명 4. 예수님 5. 믿고

3 예수님이 니고데모에게 하신 말씀을 따라 쓰거나 선생님을 따라서 말해보세요.

다시 태어나야 하나님 나라에 들어갈 수 있다!

1 예수님을 믿음으로 고백하고 하나님이 주시는 새 생명의 하트를 색칠해 보세요.

나는
예수님을
믿습니다.

1. 나는 예수님의 어떤 말씀을 행동으로 실천하고 있는지 말해 보세요.
2. 예수님을 믿고 다시 태어난 사람은 어떻게 행동을 할까요?

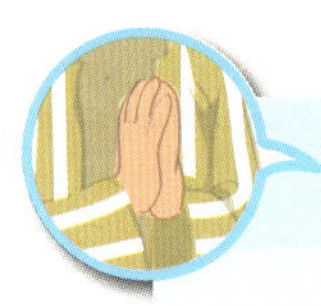

기도하기

나의 생명이신 하나님, 예수님을 본받아 살면서 하나님 나라 안에 들어가게 해주세요. 예수님의 이름으로 기도합니다. 아멘.

8과 기도를 가르치신 예수님

소 주 제 : 훈련과 기도
본문말씀 : 마태복음 6장 6절(전체말씀 : 마태복음 6장 5~15절)
중심구절 : 너는 기도할 때 방에 들어가 문을 닫고 은밀하게 계시는 네 아버지께 기도하여라. 그러면 은밀하게 계셔서 보시는 네 아버지께서 네게 갚아 주실 것이다.

단어 풀이 골방 큰방의 뒤쪽에 딸린 작은방

1 예수님께서 가르쳐주신 기도를 하는 학생들의 모습을 스티커로 붙여보세요.

2 알맞은 것에 O표, 알맞지 않은 것에 X표를 해보세요.

세상을 만드시고 다스리시는 주인은

하나님이세요.

우리 예요.

하나님의 뜻대로 사는 것은 매일매일

화내는 것이예요.

사랑하는 것이예요.

우리는 하나님께 우리의 잘못을

용서해달라고 기도해요.

모른척해 달라고 기도해요.

1 예수님은 우리에게 무엇을 하는 방법을 가르쳐 주셨나요?

요리 만드는 방법 게임하는 방법 기도하는 방법

2 빈칸에 알맞은 답을 적어 보세요.

1. 첫 번째 기도는 □□□이 이 세상을 창조하시고 다스리시는 것을 말하는 거예요.
2. 두 번째 기도는 사람들에게 예수님처럼 살 수 있는 □□을 달라고 하는 거예요.
3. 세 번째 기도는 하나님의 □대로 살겠다고 말씀드리는 거예요.
4. 네 번째 기도는 우리 자신에게 □□□ □을 구하는 거예요.
5. 다섯 번째 기도는 우리가 잘못했던 것을 □□해달라고 구하는 거예요.

정답 1. 하나님 2. 믿음 3. 뜻 4. 필요한 것 5. 용서

3 기도할 때에 누구의 이름으로 기도하는지를 따라 쓰거나 선생님을 따라서 말해보세요.

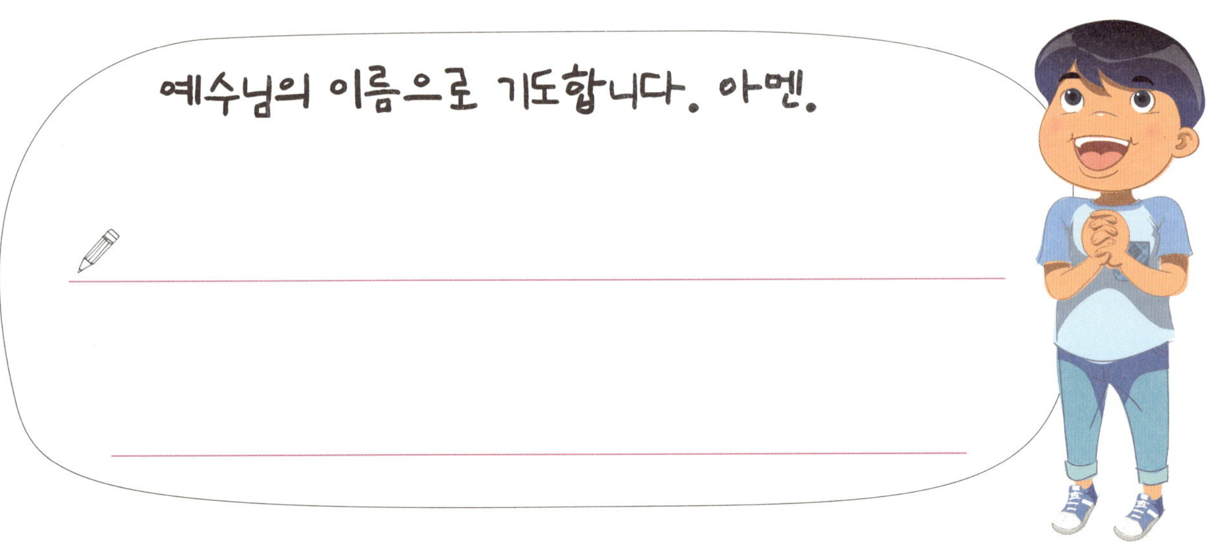

1 예수님이 가르쳐 주신 기도를 하는 학생들의 모습과 같은 그림을 선을 따라가 찾아보세요.

1. 하루 중 언제 기도를 하는지 선생님과 함께 이야기를 나누어 보세요.
2. 왜 예수님의 이름으로 기도해야 하나요?

사랑의 하나님, 매일매일 예수님처럼 기도할 수 있도록 도와주세요. 예수님의 이름으로 기도합니다. 아멘.

9과

선한 목자이신 예수님

소 주 제 : 훈련과 책임감
본문말씀 : 요한복음 10장 11절(전체말씀 : 요한복음 10장 7~18절)
중심구절 : 나는 선한 목자다. 선한 목자는 양들을 위해 자기 생명을 내놓는다.

단어 풀이 선하다 착하고 곱다, 어질다, 너그럽다

1 양을 돌보시는 선한 목자이신 예수님을 스티커로 붙여보세요.

1 빈칸에 알맞은 답을 적어 보세요.

1. 예수님은 자신을 ☐☐ ☐☐ 라고 하셨어요.
2. 선한 목자는 자신의 모든 ☐☐ 을 잘 알고 있어요.
3. 선한 목자는 자신의 양들이 배고프면 ☐ 과 ☐ 을 먹게 해줘요.
4. 선한 목자는 자신의 양들이 위험에 빠지지 않도록 잘 ☐☐ 해 주어요.
5. ☐☐☐ 은 우리의 선한 목자이고, 우리는 그분의 양이에요.

정답 1. 선한 목자 2. 양들 3. 풀 물 4. 보호 5. 예수님

말씀 따르기

1. 예수님께서 나를 어떻게 돌보아 주시는지 선생님과 이야기를 나누어 보세요.
2. 선한 목자 되신 예수님만 따라가려면 어떻게 해야 할까요?

기도하기

하나님, 매일매일 선한 목자 되신 예수님만 따라갈 수 있도록 도와주세요. 예수님의 이름으로 기도합니다. 아멘.

10과 하나님 말씀에 순종한 요셉

소 주 제 : 훈련과 청종
본문말씀 : 마태복음 1장 24~25절(전체말씀 : 마태복음 1장 16~25절; 누가복음 1장 26~38절)
중심구절 : 잠에서 깨어난 요셉은 주의 천사가 명령한 대로 마리아를 아내로 맞아들였습니다. 그러나 요셉은 아들을 낳을 때까지 마리아와 잠자리를 같이하지 않았습니다. 마리아가 아들을 낳자 요셉은 그 이름을 '예수'라고 지었습니다.

단어 풀이 **올바르다** 옳고 바르다

1 슬픔에 빠져있는 요셉의 모습과 요셉을 찾아온 천사를 스티커로 붙여보세요.

2 천사가 전해준 하나님의 말씀을 들은 요셉은 어떻게 했나요?

요셉

말씀을 믿고 순종하여 마리아와 결혼

화를 내며 마리아와 헤어짐

1 믿음으로 말씀에 순종하여 마리아와 결혼한 올바른 사람은 누구인지 O표 해보세요.

아담　　요셉　　바울

2 빈칸에 알맞은 답을 적어 보세요.

1. 아브라함과 다윗의 자손 중에 ☐☐ 이라는 올바른 사람이 있었어요.
2. 요셉에게는 결혼을 약속한 예쁜 약혼녀가 있었는데, 그녀의 이름은 ☐☐☐ 였어요.
3. 어느 날, ☐☐ 가 처녀 마리아를 찾아와 놀라운 소식을 전해주었어요.
4. 마리아는 성령의 힘으로 ☐☐ 를 임신하게 되었어요.
5. 아기가 태어났을 때에 천사가 알려 준대로 그 이름을 ☐☐ 라고 하였어요.

정답　1. 요셉　2. 마리아　3. 천사　4. 아기　5. 예수

3 천사가 요셉에게 전해준 말씀을 따라 쓰거나 선생님을 따라서 말해보세요.

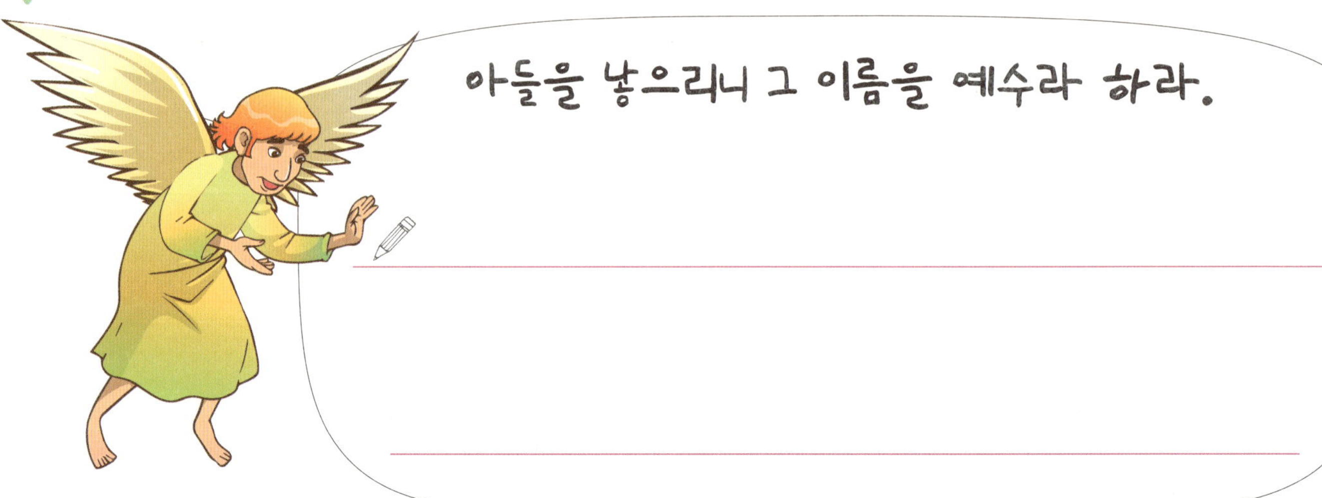

활동하기

1 말씀에 순종하여 마리아와 결혼을 한 요셉을 색칠해보세요.

말씀 따르기

1. 요셉은 슬픈 마음을 어떻게 이겨냈는지 선생님과 함께 이야기를 나누어 보세요.
2. 올바른 마음을 가지려면 어떻게 해야 할까요?

기도하기

하나님, 요셉처럼 하나님의 말씀을 잘 듣는 올바른 마음을 주세요. 예수님의 이름으로 기도합니다. 아멘.

11과 고집부리지 않는 바울

소 주 제 : 훈련과 동행
본문말씀 : 사도행전 16장 10절(전체말씀 : 사도행전 16장 5~10절)
중심구절 : 바울이 이 환상을 본 후에 우리는 그들에게 복음을 전파하기 위해 하나님께서 부르셨다고 확신하고 즉시 마케도니아로 떠날 준비를 했습니다.

❶ 바울은 디모데와 함께 열심히 전도해서 많은 교회를 세웠어요.

❷ 바울은 또 다른 곳에 가서 복음을 전하고 싶었어요. 그래서 아시아로 전도여행을 하려고 했어요.

❸ 그러나 성령님은 바울이 아시아로 가는 것을 허락하지 않았어요.

❹ 바울이 어느 날 밤에 한 사람이 서있는 환상을 보게 되었어요.

❺ 바울은 환상 속에서 마케도니아 사람이 도와달라고 하는 것을 보았어요.

❻ 바울은 고집부리며 아시아로 가지 않고 성령님께 순종하여 마케도니아로 갔어요.

단어 풀이 **확신** 굳게 믿음 **동역자들** 하나님의 일을 함께 하는 사람들

1 성령의 인도하심을 따라 마케도니아로 떠나는 바울과 사람들을 스티커로 붙여보세요.

2 바울에 대해서 맞은 것에 O표, 알맞지 않은 것에 X표를 해보세요.

바울은 디모데와 열심히 전도하며

교회를 많이 세웠어요.

빌딩을 많이 세웠어요.

바울은 복음을 전하고 싶어서

파티를 준비했어요.

전도여행을 준비했어요.

바울은 성령의 인도하심을 따라

마케도니아로 떠났어요.

그냥 아시아로 떠났어요.

1 바울은 디모데와 함께 열심히 무엇을 했는지 맞는것에 O표 해보세요.

공부만 물놀이 전도

2 빈칸에 알맞은 답을 적어 보세요.

1. 바울은 디모데와 함께 열심히 전도하여 ☐☐를 많이 세우게 되었어요.
2. 바울은 또 다른 곳에 가서 복음을 전하려고 아시아로 ☐☐☐☐을 갈 준비를 했어요.
3. 그러나 성령께서는 ☐☐에게 아시아로 가는 것을 허락하지 않았어요.
4. 한 밤에 바울은 어떤 마케도니아 사람이 자신들을 도와달라는 ☐☐을 보게 되었어요.
5. ☐☐의 인도하심을 따라서 바울은 마케도니아로 출발했어요.

정답 1. 교회 2. 전도여행 3. 바울 4. 환상 5. 성령

3 마케도니아 사람이 바울에게 했던 말을 따라 쓰거나 선생님을 따라서 읽어보세요.

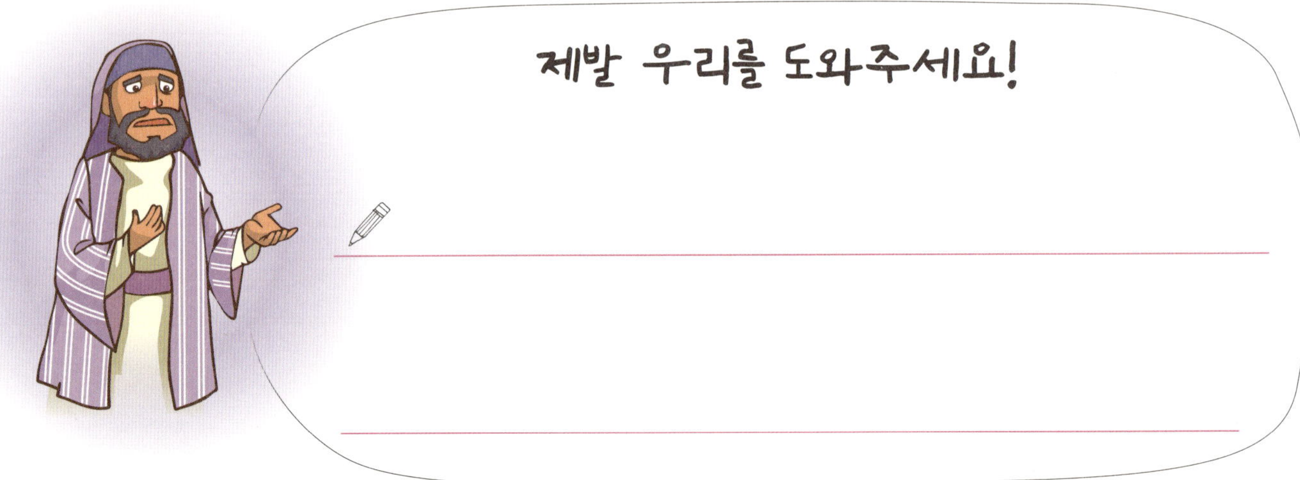

1 성령님의 인도하심을 따라가는 바울과 함께 마케도니아로 떠나보세요.

도착

출발

1. 하나님의 생각을 알려면 어떻게 해야 하는지 선생님과 함께 이야기를 나누어 보세요.
2. 성령님이 인도하는 생활을 할 수 있도록 함께 기도해요.

성령님, 하나님의 생각을 알 수 있도록 도와주세요. 예수님의 이름으로 기도합니다. 아멘.

12과 떡과 포도주

소 주 제 : 훈련과 십자가

본문말씀 : 고린도전서 11장 26절(전체말씀 : 고린도전서 11장 23~29절)

중심구절 : 그러므로 여러분은 이 빵을 먹고 이 잔을 마실 때마다 주가 오실 때까지 그분의 죽으심을 선포하는 것입니다.

단어 풀이 선포 세상에 널리 알림

1 제자들에게 떡과 포도주를 나누어 주시는 예수님을 스티커로 붙여주세요.

2 우리가 잊지 말고 꼭 기억해야 할 것이 무엇인지 따라서 써 보세요.

우리를 위해
십자가에서
돌아가신

  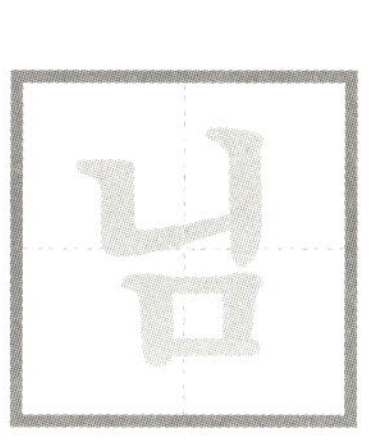  

1 예수님이 잡히시기 전날 밤에 제자들과 함께 마지막으로 하신 것은 무엇인지 O표 해보세요.

식사를 하심

선물을 나눔

영화를 봄

2 빈칸에 알맞은 답을 적어 보세요.

1. 예수님은 잡히시기 전날 밤에 제자들과 함께 마지막 ☐☐를 하셨어요.
2. 예수님은 떡을 들고 하나님께 ☐☐ ☐☐를 드렸어요.
3. 예수님은 제자들에게 ☐과 ☐☐☐를 나누어 주셨어요.
4. 예수님은 떡과 포도주를 먹을 때마다 예수님을 ☐☐하라고 말씀하셨어요.
5. 제자들은 나중에 식사를 할 때마다 ☐☐☐의 죽음을 기억했어요.

정답 1. 식사 2. 감사 기도 3. 떡, 포도주 4. 기억 5. 예수님

3 예수님이 제자들에게 했던 말씀을 따라 쓰거나 선생님을 따라서 말해보세요.

1 예수님이 제자들에게 나누어 주신 것을 번호 순서대로 점을 이어 그림을 완성하고 색칠해보세요.

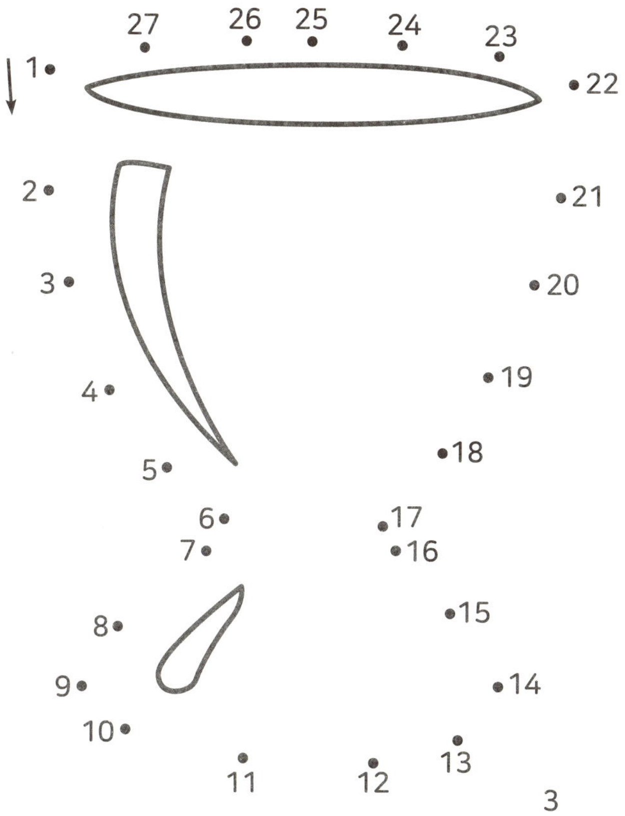

27 26 25 24 23
1 22
2 21
3 20
4 19
5 18
6 17
7 16
8 15
9 14
10 13
11 12

여러분은 이 빵을 먹고
이 잔을 마실 때마다
주가 오실 때까지
그 분의 죽으심을
선포하는 것입니다!

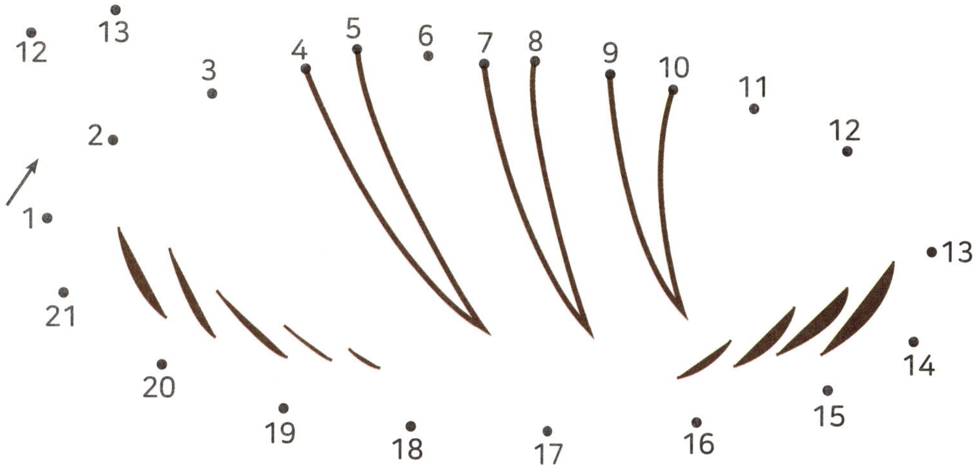

3 4 5 6 7 8 9 10 11
2 12
1 13
21 14
20 15
19 18 17 16

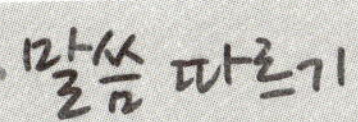

1. 떡과 포도주가 무엇을 의미하는지 선생님과 함께 이야기를 나누어 보세요.
2. 어려운 일이 있을 때에도 감사한 마음을 가지려면 누구를 기억해야 하나요?

사랑의 하나님, 항상 예수님을 기억할 수 있도록 도와주세요. 예수님의 이름으로 기도합니다. 아멘.

13과 다 이루신 예수님

소 주 제 : 훈련과 성취
본문말씀 : 요한복음 19장 30절(전체말씀 : 요한복음 19장 28~30절)
중심구절 : 예수께서 신 포도주를 받으시고 말씀하셨습니다. "다 이루었다." 그리고 예수께서는 머리를 떨구시고 숨을 거두셨습니다.

단어 풀이 재판 옳고 그름을 가리어 판단함

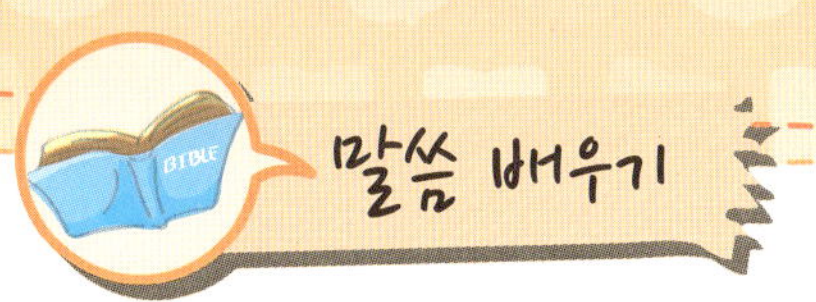

1 십자가에 달리신 예수님과 예수님이 하나님의 아들임을 고백하는 군인을 스티커로 붙여보세요.

2 알맞은 것에 O표, 알맞지 않은 것에 X표를 해보세요.

1 예수님이 "다 이루었다"고 말씀하신 곳은 어디인지 맞는 것에 O표 해보세요.

교회

총독 앞

십자가

2 빈칸에 알맞은 답을 적어 보세요.

1. 예수님은 로마 총독 빌라도 앞에서 ☐☐을 받으셨어요.
2. 유대인들은 예수님을 ☐☐☐에 못 박으라고 외쳤어요.
3. 빌라도는 ☐☐☐이 두려워서 예수님을 십자가에 못 박으라고 명령했어요.
4. 예수님은 고통 속에서 하나님 아버지께 ☐☐하셨어요.
5. 십자가에서 예수님은 ☐ ☐☐☐☐고 말씀하셨어요.

정답 1. 재판 2. 십자가 3. 사람들 4. 기도 5. 다 이루었다

1. 예수님이 왜 십자가에 못 박혔는지 선생님과 함께 이야기 나누어 보세요.
2. 나에게 원하시는 하나님의 뜻을 이루어 가려면 어떻게 생활해야 할까요?

거룩하신 하나님, 저도 예수님처럼 하나님의 뜻을 이룰 수 있도록 도와주세요. 예수님의 이름으로 기도합니다. 아멘.